Antike zum Anfassen

Texte von Phaedrus und Hygin (Fabulae)

Teil I: Phaedrus (bearbeitet von Stefanie Gürster)

Teil II: Hygin (bearbeitet von Albert Jungtäubl)

Vandenhoeck & Ruprecht

Mit 7 Abbildungen

Bibliografische Information der Deutschen Nationalbibliothek

Die Deutsche Nationalbibliothek verzeichnet diese Publikation in der
Deutschen Nationalbibliografie; detaillierte bibliografische Daten sind
im Internet über http://dnb.d-nb.de abrufbar.

ISBN 978-3-525-71744-8

Weitere Ausgaben und Online-Angebote sind erhältlich unter:
www.vandenhoeck-ruprecht-verlage.com

© 2018, Vandenhoeck & Ruprecht GmbH & Co. KG,
Theaterstraße 13, D-37073 Göttingen
www.vandenhoeck-ruprecht-verlage.com
Alle Rechte vorbehalten. Das Werk und seine Teile sind urheberrechtlich geschützt. Jede Verwertung in anderen als den gesetzlich zugelassenen Fällen bedarf der vorherigen schriftlichen Einwilligung des Verlages.
Printed in Germany.

Satz: SchwabScantechnik, Göttingen
Druck und Bindung: ⊕ Hubert & Co. GmbH & Co. KG BuchPartner,
Robert-Bosch-Breite 6, D-37079 Göttingen

Gedruckt auf alterungsbeständigem Papier.

Liebe Schülerin, lieber Schüler!

Dieses Textbändchen enthält zwei Autoren, die unterschiedlicher nicht sein könnten. Beide, Hygin und Phaedrus, sind von ihrer Herkunft Freigelassene und leben zur Zeit der römischen Kaiser, aber ihre Werke unterscheiden sich inhaltlich und formal voneinander. Hygin schreibt in einfacher Prosa über die Sagenstoffe, die uns von Homer oder den griechischen Tragödiendichtern bekannt sind, während Phaedrus in metrisch gebundener Sprache Tierfabeln verfasst und damit bestimmte Ziele verfolgt. Beide Textsorten werden als »fabulae« bezeichnet, wobei man damals darunter ›Geschichten jeder Art‹ verstand. Mit Geschichten, seien es Mythen oder Fabeln, will dich diese Ausgabe bekannt machen.

Für die Übersetzung der Texte und ihre Interpretation findest du folgende Hilfen:
- Vor den Texten findest du Informationen zum Autor und seinem Werk.
- Jedes Kapitel beginnt mit Übungssätzen (GR), in denen wichtige Grammatikphänomene wiederholt werden. Diese kommen auch in den Texten vor.
- In der Kommentarspalte neben dem lateinischen Text findest du vielfältige Hilfen für deine Übersetzung.
- Alle Eigennamen, die in den Texten vorkommen, sind in einem eigenen Verzeichnis aufgeführt und werden dort erläutert.
- Zu jedem Kapitel findet sich im hinteren Teil des Heftes ein Abschnitt zu wichtigen Wörtern (Lernwortschatz), die dir das Übersetzen erleichtern.
- Viele verschiedene Aufgaben und Zusatzmaterialien sollen dir dabei helfen, die Texte zu erschließen und besser zu verstehen.

Inhalt I – Phaedrus

Phaedrus – Leben und Werk	5
Die Geschichte der Fabel	6
Übersicht – Stilmittel	7
F1 Der Prolog	8
F2 Der Wolf und das Lamm	10
F3 Die Krähe und der Pfau	12
F4 Der Fuchs und der Ziegenbock	14
Lernwortschatz	16
Bildnachweise	18
Literatur	18

Phaedrus – Leben und Werk

Über das Leben des Phaedrus wissen wir nur wenig.

Vermutlich stammte er aus Makedonien und seine Lebensdaten umfassen die Jahre 15 v. Chr.–45 n. Chr. Aufgrund seiner Bildung war er als Sekretär bei den römischen Kaisern Augustus (27 v. Chr.–14 n. Chr.) und Tiberius (14–37 n. Chr.) tätig.

Das Werk des Phaedrus umfasst insgesamt 5 Bücher. Diese beinhalten 94 Fabeln, also belehrende Geschichten mit und um Tiere. Jedes seiner Fabelbücher besitzt eine Einleitung, einen sog. Prolog, und einen Schluss, einen sog. Epilog. Seine Fabeln sind allerdings nicht in Prosa, sondern in poetischer Form (jambischer Senar) verfasst. Die Fabeln des Phaedrus finden in den Fabeln des griechischen Autors Aesopus ihr Vorbild, von denen er allerdings bald sein Werk distanziert sehen möchte (s. Prolog I 1).

Die Geschichte der Fabel

Der Begriff »Fabel« leitet sich vom lateinischen Substantiv *fabula* (Geschichte, Erzählung, Theaterstück) und vom lateinischen Verb *fari* (reden, erzählen, sprechen) ab. Somit ist auch die eigentliche Funktion des Begriffes schon geklärt: eine mündliche Wiedergabe von Geschichten. Die ersten dieser »mündlich weitergegebenen Geschichten« fanden sich bereits 2000 v. Chr. in Mesopotamien. Ziel dieser Geschichten war es, menschliches Fehlverhalten und Missstände in der Gesellschaft aufzudecken und zu kritisieren.

Später entdeckte man bei dem griechischen Dichter Hesiod (700 v. Chr.) eine schriftlich fixierte Fabel über »*Nachtigall und Habicht*« (in: »Werke und Tage«). Auch andere griechische Autoren versuchten sich am Schreiben von Fabeln, aber nur Äsop wagte es als ein Abkömmling aus niedriger Gesellschaft, mittels seiner mündlichen Geschichten der »Aufklärer über seine Gesellschaftsschicht« zu sein. Erst Demetrios von Phaleron hat die Geschichten von Aesopus schriftlich unter dem Titel »Aisopeia« festgehalten. Leider fanden seine Geschichten wenig Anklang in der Bevölkerung, so dass sie erst wieder unter Lessing modern wurden und ihr einheitlicher Aufbau offensichtlich wurde:

Abb. 1 Erstausgabe eines Buches mit Phaedrus-Fabeln, Wien 1817 (Antiquariat Peterson).

1. Lehre (am Anfang der Fabel = Promythion; am Ende der Fabel = Epimythion)
2. Erklärung der Situation (= res)
3. Handlung eines Charakters (= actio)
4. Gegenhandlung des anderen Charakters (= reactio)
5. Schlussfolgerung (= conclusio/eventus)

Übersicht – Stilmittel

Alliteration	Mehrere aufeinander folgende Wörter sind anlautgleich. Bsp.: … *cum currens bibere coepisset canis.* (I 25)
Anapher	Mehrere aufeinander folgende Sätze beginnen mit dem gleichen Wort. Bsp.: *quod risum movet et quod prudentis … monet.* (I, Prolog)
Asyndeton	Unverbundene Aneinanderreihung mehrerer Satzglieder Bsp.: *Agellos, pecora, villam, operarios, boves.* (IV 5)
Ellipse	Auslassung von Wörtern *(dixit; est)* Bsp.: *Magister ira incensus: »Tacete.«*
Hyperbaton	Aufeinander bezogene Wörter stehen getrennt voneinander. Bsp.: *fictis iocari … fabulis* (I prol.)
Parallelismus	Parallele Anordnung von Sätzen oder Satzteilen Bsp.: *superior stabat lupus,* *inferior agnus.* (I 1)
Personifikation	Zuordnung eines menschlichen Wesenszuges zu einem leblosen Begriff Bsp.: *Sol ridet.*

F1 Der Prolog

GR: Modi im Hauptsatz

1. Discipulus pareat parentibus et magistris!
2. Legamus multos libros!
3. Si liberi boni essent/fuissent, contenti essemus/fuissemus!
4. Utinam hoc facias/feceris!
5. Vellem verba disceret/didicisset!

Prologus (I)

Auch der Fabelautor Phaedrus hat ein literarisches Vorbild – oder doch nicht?

1 Aesopus auctor quam materiam repperit,
hanc ego polivi versibus senariis.
Duplex libelli dos est: quod risum movet
et quod prudentis vitam consilio monet.
5 Calumniari si quis autem voluerit,
quod arbores loquantur, non tantum ferae,
fictis iocari nos meminerit fabulis.

prologus, i: Vorwort – *ordne: hanc materiam, quam Aesopus auctor repperit, ego versibus senariis polivi* – **reperire**, -io, repperi, repertum: erfinden – **polire**: ausfeilen, aufpolieren – **versus senarius**: jambischer Senar – **duplex**, icis: zweifach, doppelt – **quod**: *faktisches quod* – **risus**, us (m.): das Lachen – **prudens**, ntis: klug – **monēre**: ermahnen zu; unterweisen – **calumniari**: kritisieren, nörgeln – **fera**, ae: das Tier **iocari**: scherzen

A1 Stelle alle im Text befindlichen Konjunktive zusammen und benenne ihre Funktion.

A2 Phaedrus beschreibt in seinem Vorwort wesentliche Eigenschaften der Gattung Fabel. Gib die von Phaedrus genannten Eigentümlichkeiten einer Fabel mit Versangabe an.

A3 Recherchiere im Internet, welche Personen/Autoren sich noch mit der Gattung Fabel auseinandergesetzt bzw. Fabeln geschrieben haben. Suche einen Autor und eine von ihm geschriebene Fabel heraus und stelle sie der Klasse vor. Arbeite dabei Gemeinsamkeiten und Unterschiede heraus.

A4 Phaedrus verfolgt mit der literarischen Gattung »Fabel« auch persönliche Ziele. Erfasse aus dem Text, wie Phaedrus zu seinem Vorgänger steht und erkläre, welche Wirkung dies auf den Leser hat.

*A5 Folgender Prolog stammt aus Bertolt Brechts Theaterstück »*Herr Puntila und sein Knecht Matti*«. Darin besitzt die Hauptperson, Herr Puntila, eine gespaltene Persönlichkeit, die ihn vielfach dazu veranlasst, einander entgegengesetzte Dinge zu tun, die er später wieder aus der Welt schaffen möchte bzw. Situationen hervorruft, die das Leben von Herrn Puntila und seiner Familie in eine andere Richtung lenken. Erläutere, inwiefern dieser Prolog Ähnlichkeiten zu Phaedrus' Vorwort besitzt.

1 Geehrtes Publikum, die Zeit ist trist.
  Klug, wer besorgt, und dumm, wer sorglos ist!
  Doch ist nicht überm Berg, wer nicht mehr lacht
  Drum haben wir ein komisches Spiel gemacht.
5 Und wiegen wir den Spaß, geehrtes Haus
  Nicht mit der Apothekerwaage aus.
  (…)

Abb. 2 Plakat zur Vorstellung von Brechts »Herr Puntila und sein Knecht Matti«, Schauspielhaus Zürich, 2017.

F2 Der Wolf und das Lamm

GR: Partizip Präsens Aktiv/Partizip Perfekt Passiv
1. Avus, qui multas fabulas narrat, felix est.
2. Omnes liberi discentes ludum libenter adeunt.
3. Multi homines, qui ira incensi sunt, verba mala dicunt.
4. Animalia fame impulsa praedam quaerunt.

Lupus et agnus (I 1)

Ein Wolf und ein Lamm treffen aufeinander – wer wohl der Stärkere ist?

1 Ad rivum eundem lupus et agnus venerant,
siti compulsi; superior stabat lupus,
longeque inferior agnus. Tunc fauce improba
latro incitatus iurgii causam intulit:
5 »Cur«, inquit, »turbulentam fecisti mihi
aquam bibenti?« Laniger contra timens:
»Qui possum, quaeso, facere, quod quereris, lupe?
A te decurrit ad meos haustus liquor.«
Repulsus ille veritatis viribus:
10 »Ante hos sex menses male«, ait, »dixisti mihi.«
Respondit agnus: »Equidem natus non eram.«
»Pater hercle tuus«, ille inquit, »male dixit mihi.«
Atque ita correptum lacerat iniusta nece.
Haec propter illos scripta est homines fabula,
15 *qui fictis causis innocentes opprimunt.*

lupus, i: der Wolf – **agnus**, i: das Lamm – **rivus**, i: der Bach – **sitis**, is (f.): der Durst – **compellere** ~ impellere – **superior**: flussaufwärts – **inferior**: flussabwärts – **faux**, cis (f.): Rachen, Gier – **incitare**: antreiben – **causam iurgii inferre**: den Grund für einen Streit einbringen – **turbulentus**, a, um: trüb – **laniger**, eri (m.): das Lamm – **decurrere**, decurro, decurri, decursum: herablaufen – **haustus**, us (m.): Trinkstelle – **liquor**, oris (m.): Wasser, Flüssigkeit – **veritas**, atis (f.): die Wahrheit – **hercle**: beim Herkules!

correptum: *ergänze* agnum – **lacerare**: zerfetzen – **innocens**, ntis: unschuldig

A1 Stelle alle im Text befindlichen Partizipien samt ihrem Bezugswort unter Angabe von Kasus, Numerus und Genus zusammen und benenne ihre Funktion.

A2 Jede Fabel besitzt einen einheitlichen Aufbau. Weise folgende Begriffe ihren Bestimmungen zu und gib unter Textbezug ihre richtige Reihenfolge an (siehe S. 5).

1. reactio a. Lehre am Anfang der Fabel
2. conclusio b. Lehre am Ende der Fabel
3. promythion c. Erklärung der Situation
4. epimythion d. Handlung
5. actio e. Schlussfolgerung
6. res f. Gegenhandlung

A3 Erkläre, warum Phaedrus für die Fabel I 1 einen Wolf und ein Lamm als Akteure gewählt hat. Stelle hierfür die wesentlichen körperlichen und charakterlichen Eigenschaften beider Tiere zusammen bzw. gegenüber.

A4 Thomas Hobbes (englischer Philosoph des 16. Jahrhunderts) behauptet »*Homo homini lupus est*«. Mache dir den Inhalt dieser Aussage klar und belege es mit Beispielen (Versangabe) aus dem Übersetzungstext. Übertrage deine Ergebnisse auf das menschliche Alltagsleben.

***A5** Folgender Text stammt aus H. Arntzens »*Kurzer Prozess. Aphorismen und Fabeln*«. Diskutiere, ob und (gegebenenfalls) wie Arntzen den Inhalt von Phaedrus' Fabel inhaltlich treffend wiedergegeben hat.

    Der Wolf kam zum Bach. Da entsprang ein Lamm.
    »Bleib nur, du störst mich nicht!«, rief der Wolf.
    »Danke«, rief das Lamm zurück, »ich habe im Äsop gelesen.«

F3 Die Krähe und der Pfau

GR: Rhetorische Mittel
1. Canes celeriter currunt.
2. Equus currit. Equus stat. Equus equites fert.
3. Avis atra, scelerata, sapiens erat.
4. Mater timens: »Cave canem.«
5. Bestiae autem viros fortes necare possunt fame permotae.

Graculus superbus et pavo (I 3)
»Gleich und Gleich gesellt sich gern?«

1 *Ne gloriari libeat alienis bonis,*
suoque potius habitu vitam degere,
Aesopus nobis hoc exemplum prodidit.
Tumens inani graculus superbia
5 pennas, pavoni quae deciderant, sustulit
seque exornavit. Deinde contemnens suos
se immiscuit pavonum formoso gregi.
Illi impudenti pennas eripiunt avi,
fugantque rostris. Male mulcatus graculus
10 redire maerens coepit ad proprium genus,
a quo repulsus tristem sustinuit notam.
Tum quidam ex illis, quos prius despexerat:
»Contentus nostris si fuisses sedibus
et, quod natura dederat, voluisses pati,
15 nec illam expertus esses contumeliam
nec hanc repulsam tua sentiret calamitas.«

graculus, i: die Krähe – **pavo, onis (m.):** der Pfau – **gloriari:** sich rühmen – **habitus, us (m.):** das Hab und Gut – **vitam degere** ~ vitam agere/vivere – **tumens, ntis:** aufgeblasen – **penna, ae:** die Feder – **decidere,** decido, decidi (+ Dat.): ausfallen, herabfallen – **exornare:** ausstatten, schmücken – **immiscēre, -eo, -ui, -mixtum** (+ Dat.): sich darunter mischen – **formosus, a, um:** schön – **grex, gregis (m.):** die Schar – **impudens, ntis:** unverschämt – **fugare:** vertreiben – **rostra, ae:** der Schnabel – **male mulcatus:** übel zugerichtet – **maerēre:** betrübt sein – **proprius, a, um:** eigen, zugehörig – **nota, ae:** die Rüge, der Tadel – **despicere, -spicio, -spexi, -spectum:** verachten – **contumelia, ae:** die Schmach, die Beleidigung – **repulsa, ae:** die Zurückweisung – **tua ... calamitas:** *hier:* du Unglückliche!

A1 Stelle alle im Text befindlichen rhetorischen Mittel samt Versangabe zusammen und benenne ihre Funktion. (Vergleiche hierzu die Zusammenstellung »Stilmittel« auf Seite 7.)

A2 Forme die Verse 1–3 der Fabel I 3 prosaisch um und erstelle eine Satzanalyse.

A3 Ordne der Fabel I 3 eines der im Nachfolgenden angeführten Sprichwörter zu:
   a) Eine sitzende Krähe verhungert.
   b) Schmücke dich nicht mit fremden Federn!
   c) Eine Krähe hackt der anderen kein Auge aus!

*A4 Erschließe anhand des folgenden Bildes, weshalb Phaedrus für seine Fabel I 3 die Figur der Krähe gewählt hat. Berücksichtige dabei die Bildgestaltung. Recherchiere anschließend (Internet, Lexikon), welche weiteren Eigenschaften einer Krähe zugesprochen werden.

Abb. 3: Krähe mit Walnuss © Gerhard Brodowski

F4 Der Fuchs und der Ziegenbock

GR: Indirekte Fragesätze

1. Nescio/nesciam, utrum avus narret an taceat.
2. Avus laudat/laudabit, quid narraveris.
3. Quid est/erit causa, cur avus nihil narraturus sit?
4. Nesciebam/nescivi/nesciveram, utrum avus narraret an taceret.
5. Avus laudabat/laudavit/laudaverat, quid narravisses.
6. Quid erat/fuit/fuerat causa, cur avus nihil narraturus esset?

Vulpes et caper (IV 9)

Zahlt sich Betrug aus?

1 *Homo in periclum simul ac venit callidus,*
reperire effugium quaerit alterius malo.
Cum decidisset vulpes in puteum inscia
et altiore clauderetur margine,
5 devenit hircus sitiens in eundem locum;
simul rogavit, esset an dulcis liquor
et copiosus. Illa fraudem moliens:
»Descende, amice! Tanta bonitas est aquae,
voluptas ut satiari non possit mea.«
10 Immisit se barbatus. Tum vulpecula
evasit puteo nixa celsis cornibus,
hircumque clauso liquit haerentem vado.

vulpes, is (f.): der Fuchs – **caper**, capri (m.): der Ziegenbock – **simul ac**: sobald – **callidus**, a, um: schlau – **effugium**, i: die Zuflucht – **decidere**, decido, decidi: herabfallen – **puteus**, i: der Brunnen – **inscius**, a, um: versehentlich – **margo**, inis (f.): der Rand – **devenire**: herabkommen – **hircus**, i: der Ziegenbock – **sitire**: dürsten – **copiosus**, a, um: reichlich – **fraus**, dis (f.): der Betrug – **moliri**: planen – **bonitas** (f.) **aquae**: die Wasserqualität – **satiare**: sättigen – **se immittere**, -mitto, -misi, -missum: hineinsteigen – **barbatus**, a, um: bärtig (= Ziegenbock) – **vulpecula**, ae: der Fuchs – **evadere**, evado, evasi, evasum: heraussteigen, entkommen – **celsus**, a, um: hoch, emporragend – **linquere**, linquo, liqui: verlassen – **vadum**, i: die Tiefe, der Grund

A1 Lies dir den Vers 6 der Fabel IV 9 nochmals durch und gib das Zeitverhältnis an.

A2 Suche aus der Fabel IV 9 des Phaedrus die Lehre heraus und weise ihr ihren *terminus technicus* zu. Erkläre, warum die Lehre der Fabel diese exponierte Stellung hat. Nimm schließlich Stellung dazu, inwiefern die Fabel menschliches Verhalten widerspiegelt.

A3 »*Fugienda est amicitia. Eorum animus incertus et dubius est*«. Erläutere ausgehend von der Fabel IV 9, was dieses Zitat aussagen möchte.

*A4 Folgendes Bild beschreibt eine Szene aus La Fontaines Fabel »Der Fuchs und der Ziegenbock«. Ermittle den Inhalt von La Fontaine's Fabel (Internet) und arbeite Gemeinsamkeiten und Unterschiede zu Phaedrus' Fabel IV 9 heraus.

Abb. 4: Vulpes et caper (Frances Barlow, Michigan State Libraries)

Der Fuchs und der Ziegenbock | 15

Lernwortschatz

F1 Der Prolog

prologus, i (m.)	das Vorwort
reperire, reperio, repperi, repertum	finden, erfinden
duplex, icis	zweifach, doppelt
risus, us (m.)	das Lachen
prudens, ntis	klug
fera, ae (f.)	das Tier
iocari	scherzen

F2 Der Wolf und das Lamm

lupus, i (m.)	der Wolf
agnus, i (m.)	das Lamm
rivus, i (m.)	der Bach
sitis, is (f.)	der Durst
faux, cis (f.)	der Rachen, die Gier
incitare	antreiben
decurrere, -curro, -curri, -cursum	herablaufen
haustus, us (m.)	die Trinkstelle
liquor, oris (m.)	das Wasser, die Flüssigkeit
veritas, atis (f.)	die Wahrheit
hercle!	beim Herkules!
lacerare	zerfetzen
innocens, ntis	unschuldig

F3 Die Krähe und der Pfau

gloriari	sich rühmen
habitus, us (m.)	das Hab und Gut
penna, ae (f.)	die Feder
decidere, -cido, -cidi (+Dat.)	aus-, herabfallen
exornare	ausstatten, schmücken
immiscēre, -eo, -ui, -mixtum (+Dat.)	sich darunter mischen
formosus, a, um	schön
grex, gregis (m.)	die Schar
impudens, ntis	unverschämt
fugare	vertreiben
maerēre	betrübt sein
proprius, a, um	eigen, zugehörig
despicere, -spicio, -spexi, -spectum	verachten
contumelia, ae (f.)	die Schmach, die Beleidigung
repulsa, ae (f.)	die Zurückweisung

F4 Der Fuchs und der Ziegenbock

callidus, a, um	schlau
effugium, i (n.)	die Zuflucht
decidere, decido, decidi	herabfallen
vulpes, is (f.)	der Fuchs
inscius, a, um	unwissend
devenire, -venio, -veni, -ventum	herabkommen
sitire	dürsten
copiosus, a, um	reichlich
fraus, fraudis (f.)	der Betrug
satiare	sättigen
evadere, evado, evasi, evasum	heraussteigen, entkommen
celsus, a, um	hoch, emporragend
linquere, linquo, liqui	verlassen

Bildnachweise

Abb 1: Antiquariat Peterson
Abb. 2: Schauspielhaus Zürich, 2017
Abb. 3: © Gerhard Brodowski
Abb. 4: © Frances Barlow

Literatur

Textausgaben und Übersetzungen:
- Guaglianone, A. Phaedri Augusti Liberti liber fabularum, Torino 1969.
- Oberg, E. Phaedrus Fabeln, lateinisch-deutsch, Zürich 1996.
- Siewert, W. Phaedrus Fabeln, Münster 2001.
- Stöllner, H. Phaedrus Fabulae, Stuttgart 2014.

Sekundärliteratur:
- Oberg, E. Phaedrus-Kommentar, Stuttgart 2000.
- Steinbach, Dietrich (Hrsg.), Fabel und Parabel. Mit Materialien. Auswahl der Texte und der Materialien von Hans Georg Müller und Jürgen Wolff. Stuttgart 1982, S. 12.

Inhalt II – Hygin

Hygin – Der Autor und sein Werk	20
T1: Wahre Freundschaft	21
T2: Ödipus auf der Suche nach der Wahrheit	23
T3: Odysseus' Irrfahrten	26
Lernwortschatz	28
Eigennamenverzeichnis	30
Bildnachweise	32
Literatur	32

Hygin – Der Autor und sein Werk

Gaius Iulius Hyginus stammt wahrscheinlich aus Alexandria oder Spanien und war als Freigelassener sogar Leiter der Bibliothek von Kaiser Augustus. Zudem betätigte er sich auch als Fachschriftsteller. So verfasste er einen Kommentar zu Vergils Dichtungen, wovon noch einige Fragmente erhalten sind. Unter seinem Namen wird auch ein mythologisches Handbuch mit dem Titel *Fabulae* überliefert. Doch stammt dieses Werk aus dem 2. Jh. n. Chr., so dass er keineswegs als Autor in Frage kommen kann. Auch wenn die Autorenfrage ungelöst bleiben muss, ist diese Schrift eine wertvolle Sammlung, die 277 Einzelsagen in aller Kürze und in einfachem, schmucklosem Latein nacherzählt. Damit wird dem Leser ein wertvolles Nachschlagewerk zur Mythologie in lateinischer Sprache an die Hand gegeben. Denn vorher gab es nur ein griechisches Pendant von Apollodor mit dem Titel »Bibliotheke«.

Hygins Schrift beginnt mit der Erschaffung des Menschen und erzählt dann viele Geschichten von den Göttern. Auch kommen die Sagen von bekannten Helden Griechenlands vor, darunter Theseus und Herkules. Auch der thebanische Sagenkreis mit Ödipus wird behandelt. Einen großen Raum nehmen der Trojanische Krieg und die Irrfahrten des Odysseus ein.

T1: Wahre Freundschaft

GR: cum-Sätze, relativer Satzanschluss
1. Cum rex civibus imperat, parere debent.
2. Qui non semper scelerati sunt, sed ille malus est.
3. Quem cuncti crudelem putant, cum homines sine causa interficiat.
4. Cum regi paruissent, (tamen) nonnulli interficiebantur.

T1 (Hygin 257)

In der Stadt Syrakus auf Sizilien hat der Alleinherrscher Dionysios I. die unumschränkte Macht, wodurch er sich viele Feinde macht, darunter auch Moerus und sein Freund Selinuntius. Der Tyrann Dionysios lässt die Hinrichtungen von Phalaris vollziehen.

(a) In Sicilia Dionysius tyrannus crudelissimus cum esset suosque cives cruciatibus interficeret, Moerus tyrannum voluit interficere; quem satellites cum deprehendissent armatum, ad regem duxerunt. Qui interrogatus respondit se regem voluisse interficere; quem rex iussit crucifigi; a quo Moerus peti(vi)t tridui commeatum, ut sororem suam nuptui collocaret et daret tyranno Selinuntium amicum suum et sodalem, qui sponderet eum tertio die venturum <esse>. Cui rex indulsit commeatum ad sororem collocandam dicitque rex Selinuntio, nisi ad diem Moerus veniret, eum eandem poenam passurum <esse> et dimitti Moerum.

cruciatus, us (m.): Folter

satelles, itis (m.): Leibwächter – **deprehendere** = comprehendere

crucifigere (crucifigo): kreuzigen – **tridui commeatum** (Akk.): einen Aufschub von drei Tagen – **nuptui collocare:** verheiraten – **sodalis,** is (m.): Gefährte – **spondēre** + AcI: dafür bürgen, dass – **indulgēre,** indulgeo, indulsi: gewähren – **sororem collocare:** die Schwester verheiraten

A1 In den Zeilen 4 bis 9 finden sich einige relative Satzanschlüsse. Ordne dabei jedem Relativpronomen sein Bezugswort aus dem vorherigen Satz zu.

A2 Im Text kommen einige cum-Sätze vor, die mit dem Konjunktiv (vgl. Z. 2 und 3) verbunden sind. Bestimme, welche Sinnrichtung in diesen Sätzen jeweils vorliegt.

(b) Qui collocata sorore cum reverteretur, repente tempestate et pluvia orta, flumen ita increvit, ut nec transiri nec transnatari posset; ad cuius ripam Moerus consedit et flere coepit, ne amicus pro se periret. Phalaris autem Selinuntium crucifigi cum iuberet, ideo quod horae sex tertii iam diei essent nec veniret Moerus, Selinuntius ei respondit diem adhuc non praeteriisse. Cumque iam horae novem essent, rex iubet duci Selinuntium in crucem.

(c) Qui cum duceretur, vix tandem Moerus liberato flumine consequitur carni-ficem exclamatque a longe: »Sustine, carnifex, adsum!« Quod factum regi nuntiatur; quos rex ad se iussit perduci rogavitque eos, ut se in amicitiam reciperent, vitamque Moero concessit.

pluvia, ae: starker Regen – **oriri**, orior, ortus sum: aufkommen – **increscere**, incresco, increvi: anwachsen – **transnatare**: durchschwimmen – **crucifigere** (crucifigo): kreuzigen – **ideo** = propterea

crux, cis (f.): Kreuz

flumen liberare: den Fluss durchqueren – **carnifex**, cis (m.): Henker – **sustinēre**: einhalten

A3 Die Geschichte ist in drei Abschnitte (a–c) gegliedert. Finde für jeden eine passende Überschrift.

A4 Gegen Ende des Textes (Z. 23 f.) wird ein einziges Mal eine wörtliche Rede verwendet. Überlege dir einen Grund, warum Hygin gerade hier diese einsetzt.

A5 Die Geschichte endet recht überraschend, als der Tyrann Dionysios seinen Attentäter verschont und um seine Freundschaft bittet. Diskutiere die Beweggründe des Tyrannen für diesen Schritt.

A6 Die Geschichte vom (versuchten) Tyrannenmord behandelt auch Friedrich Schiller in seiner Ballade »*Die Bürgschaft*« (1798):

Strophe 1	**Strophe 18**
Zu Dionys, dem Tyrannen, schlich Möros, den Dolch im Gewande; Ihn schlugen die Häscher in Bande. »Was wolltest du mit dem Dolche, sprich!« Entgegnet ihm finster der Wüterich. »Die Stadt vom Tyrannen befreien!« »Das sollst du am Kreuz bereuen.«	Und die Sonne geht unter, da steht er am Tor Und sieht das Kreuz schon erhöhet, Das die Menge gaffend umstehet, An dem Seile schon zieht man den Freund empor, Da zertrennt er gewaltig den dichten Chor: »Mich, Henker!« ruft er, »erwürget! Da bin ich, für den er gebürget!«

a) Schon die erste Strophe von Schillers Ballade zeigt große Unterschiede zu Hygins Text. Benenne die formalen und stilistischen Unterschiede.

b) In der 18. Strophe fügt Schiller einige Details hinzu, die sich bei Hygin so nicht finden lassen. Suche diese heraus und überlege auch, warum Schiller dies macht.

T2: Ödipus auf der Suche nach der Wahrheit

GR: Ortsangaben, AcI, Ablativus absolutus

1. Oedipus comperit se domi patrem interfecturum esse.
2. Itaque domo abiit et Thebas (= in urbem Thebanorum) venit. Ibi Thebanos a Sphinga liberavit.
3. Sphingā depulsā Thebani regnum ei tradiderunt.
4. Rege facto cives putabant se feliciter vivere posse.
5. Omnibus gaudentibus morbus gravis exstitit.

T2 (Hygin 67)

König Laios (Laius) *von Theben* (Thebae, arum) *lässt aufgrund eines Orakelspruches aus Delphi* (Delphi, orum) *sein Kind Ödipus* (Oedipus) *aussetzen. Da der Hirte Menoetes es nicht übers Herz bringt, den Knaben zu töten, gibt er ihn dem kinderlosen korinthischen Königspaar Polybos und Periboea. Dort wächst er auf.*

a) Ödipus' Vatermord

Postquam Oedipus, Laii et Iocastes filius, ad puberem aetatem pervenit, fortissimus erat eique per invidiam
3 aequales obiciebant eum subditum esse Polybo; quod Oedipus sensit non falso sibi obici. Itaque Delphos profectus est sciscitatum de parentibus suis. Interim Laio in
6 prodigiis ostendebatur mortem ei adesse de nati manu. Idem cum Delphos iret, obviam ei Oedipus venit; quem satellites cum viam regi dari iuberent, neglexit. Rex equos
9 immisit et rotā pedem eius oppressit; Oedipus iratus inscius patrem suum de curru de-traxit et occidit.

Iocastes (Gen.): der Iokaste – **puberis aetas,** atis (f.): Erwachsenenalter
aequales, ium (m.): Altersgenossen – **subdere,** -do, -didi, -ditum: unterschieben
sciscitatum (Supinform von sciscitari): um Erkundigungen einzuholen – **pro-digium,** i: Vorzeichen – **natus** = filius – **obviam:** entgegen – **satelles,** itis (m.): Leibwächter – **immittere:** antreiben – **rota,** ae: Rad

A1 Suche aus diesem Abschnitt vier AcI-Konstruktionen heraus.

A2 Bei den Ortsangaben wird zweimal der Akkusativ der Richtung verwendet. Benenne diese.

A3 Suche im Text die Begründung dafür, warum Ödipus auf den König von Theben so wütend ist.

A4 Erkläre, wie der Autor Hygin den Vatermord des Ödipus zu entschuldigen versucht.

b) Ödipus' Heirat mit seiner Mutter

Laio occiso Creon regnum occupavit; interim Sphinx agros Thebanorum vexabat; ea regi Creonti promisit se
18 inde abire <velle>, si carmen, quod posuisset, aliquis interpretatus esset; se inde abire; si autem datum carmen non solvisset, eum se consumpturam <esse> dixit
21 neque de finibus ex-cessuram <esse>. Rex re auditā per Graeciam edixit, qui Sphingae carmen solvisset, regnum se et Iocasten sororem ei in coniugium daturum
24 <esse> promisit. Cum plures regni cupidine venissent et a Sphinge consumpti essent, Oedipus venit et carmen interpretatus est; illa se praecipitavit. Oedipus regnum paternum et Iocasten matrem inscius accepit uxorem,
27 ex qua procreavit Eteoclen et Polynicen, Antigonam et Ismenen.

Creon = Kreon (Bruder von Iokaste, nach Laios' Tod der neue König) – **rex,** gis (m.): *hier ist Kreon gemeint* – **carmen,** inis (n.): *hier:* Rätsel

consumere = interficere

edicere (+ AcI): bekannt machen – *ordne: promisit se ei, qui … solvisset, regnum et … daturum* – **Iocasten:** *Akkusativ* – **coniugium,** i: Ehe – *cupido,* inis (f.) = *cupiditas regni*

se praecipitare: sich (kopfüber) hinabstürzen – **paternus,** a, um: väterlich – **procreare** (ex + Abl.): zeugen (mit jmd.) – **Eteoclen, Polynicen, Antigonam, Ismenen:** *Akkusativformen*

A5 Benenne die im Text vorkommenden Ablativus absolutus-Konstruktionen.

A6 Das Rätsel der Sphinx lautete: »*Wer geht morgens auf vier, mittags auf zwei und abends auf drei Beinen?*«
Überlege dir die Lösung des Rätsels.

A7 a) Suche im Text einen Hinweis, wie Hygin die Heirat des Ödipus mit seiner Mutter entschuldigt.
b) Recherchiere im Internet, was man unter einem *Ödipuskomplex* versteht. Überlege dir auch, warum diese Definition bei Ödipus selbst etwas problematisch ist.

A8 Informiere dich in einem mythologischen Lexikon oder im Internet über das weitere Schicksal der Kinder von Ödipus: Eteokles, Polyneikes, Antigone und Ismene.

Abb. 1: Ödipus und die Sphinx

c) Folgen und Aufdeckung dieses Frevels

Interim Thebis sterilitas frugum et penuria incidit ob Oedipodis scelera, interrogatusque Tiresias, quid ita The-
30 bae vexarentur, respondit: si (ali)quis pro patria interiisset, pestilentiā liberaturum. Dum haec Thebis geruntur, Corintho Polybus decedit; quo audito Oedipus moleste
33 ferre coepit aestimans patrem suum obisse; cui Periboea de eius suppositione palam fecit; item Menoetes senex, qui eum exposuerat, ex pedum cicatricibus cognovit Lai
36 filium esse. Oedipus re auditā postquam vidit se tot scelera nefaria fecisse, ex veste matris fibulas detraxit et se luminibus privavit, regnumque filiis suis alternis annis
39 tradidit et a Thebis Antigonā duce pro-fugit.

sterilitas frugum: Missernte – **penuria,** ae: Not – **incidere:** sich ereignen – **ob** (+ Akk.) = *propter* – **Tiresias** = Teiresias (blinder und greiser Seher, der immer die Wahrheit verkündet) – **interire** = *perire* – **pestilentia,** ae: Seuche – *ergänze:* <*eum Thebas*> *pestilentiā liberaturum* <*esse*> – **moleste ferre:** verärgert sein – **aestimare** = *putare* – **suppositio,** onis (f.): Unterschiebung – **palam facere de aliqua re:** etwas aufdecken – **cicatrix,** cis (f.): Narbe – **fibula,** ae: Spange – **lumen,** inis (n.): Augenlicht – **privare** (+ Abl.): berauben (+ Gen.) – **alternus,** a, um: abwechselnd

A9 In diesem Textabschnitt kommen die Ablativformen »Thebis« (Z. 28, 31) und »Corintho« (Z. 32) vor. Benenne die beiden unterschiedlichen Formen mit dem jeweiligen Fachbegriff.

A10 Nach seiner Begegnung mit dem blinden Seher Teiresias erkennt Ödipus die Wahrheit und damit seine Verbrechen gegenüber Vater und Mutter. Daraufhin blendet er sich selbst.

   a) Überlege, wie der göttliche Orakelspruch, den Ödipus erhalten hat, zu beurteilen ist.
   b) Erörtere, welche antike Gottesvorstellung hier deutlich wird.
   c) Diskutiere, inwiefern Ödipus »unschuldig schuldig« geworden ist.

Abb. 2: geblendeter Ödipus im Kreise seiner Töchter

T3: Odysseus' Irrfahrten

GR: Gerundium, Gerundiv

1. Helena a Paride (Paris, idis = Paris) rapta est. Itaque Graeci in Troiam navigaverunt ad Helenam re-ducendam.
2. Agamemon, rex Graecorum, iussit Troiam capiendam esse.
3. In Troia oppugnanda Ulixes (Ulixes, is = Odysseus) dolum invenit.
4. Ulixes optabat, ut domum rediret Penelopam uxorem videndi gratiā/causā.

T3 (Hygin 125)

Odysseus hat durch die Idee vom Hölzernen Pferd zu Trojas Fall beigetragen. Danach tritt er mit seinen Gefährten die Heimreise an, bei der viele Abenteuer bestanden werden müssen, bis er als Einziger nach zehn Jahren seine Heimat Ithaka erreicht.

a) Beim Kyklopen Polyphem

Inde ad Cyclopem Polyphemum, Neptuni filium, <venit>. Huic responsum erat, ut caveret, ne ab Ulixe excaecare-
3 tur. Hic mediā fronte unum oculum habebat et carnem humanam epulabatur.
　Qui postquam pecus in speluncam redegerat, saxum
6 ingens ad ianuam opponebat. Qui Ulixem cum sociis inclusit sociosque eius consumere coepit. Ulixes cum videret eius immanitati atque feritati resistere se non
9 posse, vino eum inebriavit seque »Utin« vocari dixit. Itaque cum oculum eius trunco ardenti exureret, ille clamore suo ceteros Cyclopas convocavit eisque dixit: »Utis
12 me excaecat.« Illi credentes eum deridendi gratiā dicere neglexerunt. At Ulixes socios suos ad pecora alligavit et ipse se ad arietem et ita exierunt.

responsum erat: *Plusquamperfekt Passiv zu* respondēre – **excaecare:** blenden – **frons,** ntis (f.): Stirn – **caro,** carnis (f.): Fleisch – **epulari** = cenare – **pecus,** pecoris (n.): Vieh – **spelunca,** ae: Höhle – **redegerat:** re + agere

immanitas, atis (f.): Schrecklichkeit – **feritas,** atis (f.): Wildheit – **inebriare:** betrunken machen – **Utin** (gr. Wort) = *neminem* (Akk.) – **truncus,** i: Stamm – **Utis** = nemo (Nom.)

deridēre: verspotten, auslachen

alligare (ad + Akk.): binden an

aries, etis (m.): Widder

A1　Suche aus dem Text eine Gerundivkonstruktion heraus und bestimme diese genau.

A2　Betrachte folgende Marmorbüste von Polyphem und erkläre, was man unter einem Kyklopen versteht.

A3　Weise am Text nach, dass Polyphem für seine Grausamkeit (vgl. Z. 12) bekannt ist und dass Odysseus zurecht als listig bezeichnet wird.

Abb. 3.: Marmorkopf eines Kyklopen

b) Bei der Nymphe Kalypso

Naufragio facto <et omnibus> sociis amissis enatavit in insulam Aeaeam, ubi Calypso <erat>, quae specie Ulixis capta anno toto eum retinuit neque a se dimittere voluit, donec Mercurius Iovis iussu denuntiavit ei, ut eum dimitteret. Et ibi factā rate Calypso omnibus rebus ornatum eum dimisit eamque ratim Neptunus fluctibus disiecit.

naufragium, i: Schiffbruch – **enatare:** schwimmen – **Aeaea, ae:** Aiaia (bei Homer ist es die Insel Ogygia!) – **species,** ei (f.): Aussehen – **donec:** solange bis – **denuntiare** = *nuntiare*

ratis, is (f.): Floß – **fluctibus disicere:** in den Fluten hin- und herwerfen

A4 Odysseus strandet als einziger Überlebender auf der Insel der Kalypso. Arbeite im Text die Ursache dafür heraus, dass Odysseus die Heimreise vergisst und von Merkur daran erinnert werden muss.

A5 Überlege, warum Neptun wieder Odysseus Schiffbruch erleiden lässt. Ziehe dazu auch die Polyphemgeschichte heran.

c) Auf der Phäakeninsel bei Nausikaa

Inde in insulam Phaeacum venit nudusque ex arborum foliis se obruit, quā Nausicaa, Alcinoi regis filia, vestem ad flumen lavandam tulit. Ille erepsit e foliis et ab ea peti(vi)t, ut sibi opem ferret. Illa misericordiā mota pallio eum operuit et ad patrem suum eum adduxit. Alcinous <eum> hospitio liberaliter acceptum donisque decoratum in patriam Ithacam dimisit.

Phaeaces, um (m.): Phäaken – **nudus,** a, um: nackt – **arbor,** oris (f.): Baum – **folium,** i: Blatt – **obruere:** → s. Lernwortschatz – **quā** = *ubi* – **operire:** → s. Lernwortschatz – **Alcinous,** i: Alkinoos – **erepere,** erepo, erepsi: herauskriechen – **opem** = *auxilium* – **pallium,** i: Mantel – **hospitium,** i: Gastfreundschaft – **liberaliter:** freigebig – **decoratus,** a, um (+ Abl.): ausgestattet (mit)

A6 Finde in diesem Textauszug das Gerundiv und stelle das grammatikalische Bezugswort fest.

A7 Inhaltlich bildet diese Szene einen Gegensatz zur Polyphemgeschichte. Belege diese Aussage mit entsprechenden lateinischen Ausdrücken.

Lernwortschatz

T1: Wahre Freundschaft (Hygin 257)

a) | | |
|---|---|
| crudelis, e | grausam |
| armatus, a, um | bewaffnet |
| respondēre, respondeo, respondi, responsum | antworten |
| tertius, a, um | der, die, das dritte |
| poena, ae (f.) | die Strafe |
| pati, patior, passum sum | erleiden |

b) | | |
|---|---|
| reverti, revertor, reverti | zurückkehren |
| repente (Adv.) | plötzlich |
| tempestas, atis (f.) | das Unwetter, der Sturm |
| incipere, incipio, coepi | beginnen, anfangen |
| hora, ae (f.) | die Stunde |

c) | | |
|---|---|
| vix (Adv.) | kaum |
| tandem (Adv.) | endlich |
| consequi, consequor, consecutus sum | erreichen |
| amicitia, ae (f.) | die Freundschaft |
| recipere, recipio, recepi, receptum | aufnehmen |
| concedere, concedo, concessi, concessum | zugestehen, erlauben |

T2: Ödipus auf der Suche nach der Wahrheit (Hygin 67)

a) | | |
|---|---|
| obicere, obicio, obieci, obiectum (+ AcI) | vorwerfen (, dass) |
| sentire, sentio, sensi, sensum (+ AcI) | (be)merken (, dass) |
| falso (Adv.) | irrtümlich |
| proficisci, proficiscor, profectus sum | aufbrechen |
| parentes, ium | die Eltern |
| interim (Adv.) | unterdessen |
| iratus, a, um | zornig |

	inscius, a, um	unwissend
b)	regnum, i (n.)	die Königsherrschaft
	vexare, vexo, vexavi, vexatum	heimsuchen, verwüsten
	interpretari, interpretor, interpretatus sum	auslegen, deuten
	cupido, inis (f.)	die Begierde
	uxor, oris (f.)	die Ehefrau
c)	scelus, eris (n.)	das Verbrechen
	gerere, gero, gessi, gestum	ausführen
	obire, obeo, obii	sterben
	item (Adv.)	ebenso
	nefarius, a, um	frevelhaft
	senex, senis (m.)	alter Mann, der Greis

T3: Odysseus' Irrfahrten (Hygin 125)

a)	cavēre, ne (+ Konj.)	sich (davor) hüten, dass
	saxum, i (n.)	der Fels, der Steinblock
	ianua, ae (f.)	der Eingang, die Tür
	resistere, resisto, restiti	widerstehen
	ardēre, ardeo, arsi	glühen, brennen
b)	retinēre, retineo, retinui, retentum	zurückhalten
	dimittere, dimitto, dimisi, dimissum	wegschicken
	ornatus, a, um	geschmückt
c)	obruere, obruo, obrui	überschütten
	ferre, fero, tuli, latum	tragen, bringen
	misericordia, ae (f.)	das Mitleid
	operire, operio, operui, opertum	zudecken
	donum, i (n.)	das Geschenk

Eigennamenverzeichnis

Aeaea, ae	Aiaia, mythische Insel im Mittelmeer
Alcinous, i	Alkinoos, König der Phäaken
Antigona, ae	Antigone; sie bestattet gegen Kreons Verbot ihren Bruder Polyneikes und muss deswegen sterben.
Calypso, onis	Kalypso, Meeresnymphe; verspricht Odysseus sogar Unsterblichkeit, wenn er bei ihr bleibt.
Corinthus, i	Korinth war eine reiche Handelsstadt.
Creon, ontis	Kreon; war der Bruder von Iokaste und somit der Onkel von Ödipus. Nach Laios' Tod übernimmt er die Herrschaft über Theben.
Cyclops, opis	Kyklop (»Rundauge«); Kyklopen sind einäugige Riesen.
Delphi, orum	Delphi (Stadt); beherbergte das berühmte Orakel des Apollon. Seine Priesterin Pythia verkündete doppeldeutige Orakelsprüche.
Dionysius, i	Dionysios I. (430–367 v. Chr.); kam in Syrakus durch einen Staatsstreich an die Macht und war ein sehr mächtiger Alleinherrscher (Tyrann).
Eteocles, is	Eteokles (»wahrer Ruhm«), Sohn des Ödipus; streitet mit seinem Bruder um die Herrschaft. Beide sterben im Zweikampf.
Graecia, ae	Griechenland
Iocaste, es	Iokaste; sie ist die Mutter von Ödipus und zugleich hat sie ihrem Sohn vier Kinder geboren.
Ismene, is	Ismene, Schwester von Antigone
Iuppiter, Iovis	Jupiter, Göttervater
Laius, i	Laios; er ist der Vater von Ödipus und lässt sein Kind im Kithairon-Gebirge mit durchstoßenen Fußknöcheln (»Schwellfuß«) aussetzen.
Menoetes, is	Menötes; er ist der Hirte, der Ödipus auf Befehl von Laios ausgesetzt hat.
Mercurius, i	Merkur, der Götterbote
Moerus, i	Mörus aus Syrakus; er wollte den Tyrannen stürzen.
Nausicaa, ae	Nausikaa, Tochter des Phäakenkönigs Alkinoos

Neptunus, i	Neptun, Meeresgott und Vater von Polyphem
Oedipus, podis	Ödipus; er war der Sohn von König Laios aus Theben.
Periboea, ae	Periböa; sie ist die Gattin des korinthischen Königs Polybos und zieht Ödipus groß.
Phaeaces, um	Phäaken (Stamm); sie lebten auf der fruchtbaren Insel Scheria und waren gute Schiffsbaumeister.
Phalaris, is	Phalaris; er gilt als Musterbild eines grausamen Tyrannen.
Polybus, i	Polybos; er ist König von Korinth. Da seine Ehe mit Periboea kinderlos blieb, ziehen sie das Findelkind Ödipus als ihren Sohn auf.
Polynices, is	Polyneikes (»Vielstreiter«); er war der Bruder von Eteokles.
Polyphemus, i	Polyphem; er ist der Sohn von Neptun und der Meeresnymphe Thoosa.
Selinuntius, i	Selinuntius; er ist ein guter Freund von Mörus.
Sphinx, Sphingae	Die Sphinx ist ein von Hera nach Theben geschicktes Untier (geflügelter Löwe mit Frauenkopf), das – auf einem Berg sitzend – den Passanten Rätsel stellte. Wer es nicht lösen konnte, wurde von ihr getötet.
Thebae, arum	Theben war eine große Stadt in Griechenland.
Thebani, orum	Thebaner sind die Bewohner der Stadt Theben, die in hügeliger Landschaft liegt und die Geburtsstadt von Ödipus ist.
Ulixes, is	Odysseus; er trägt mit der Idee vom hölzernen Pferd zur Eroberung von Toja bei und irrt dann 10 Jahre auf dem Mittelmeer herum, bis er nach 20 Jahren seine Frau Penelope wiedersieht.

Bildnachweise

Alle Abbildungen stammen von Wikimedia Commons.

Literatur

Textausgaben und Übersetzungen:
- Hygini Fabulae, ed. Peter K. Marshall, Stuttgart/Leipzig 1993.
- Antike Mythen. Hyginus, Fabulae, bearb. von Röttger G., Frankfurt/Main 1978.
- Waiblinger, F.-P.: Fabulae – Sagen der Antike, ausgewählt und übersetzt von F.-P. Waiblinger, München ¹2007.

Sekundärliteratur:
- Graf, F.: Griechische Mythologie. Eine Einführung, Düsseldorf 2004.
- Nickel, R.: Zwei Autoren für ein Werk? Cornelius Nepos und C. Iulius Hygin auf die Spur kommen, AU 46, 2/2003, S. 14–15.
- Röttger, G.: Mythos und Religiosität. Eine Variation im lateinischen Lektüreunterricht, Anregung 26, 1980, S. 97–99.